AF363817

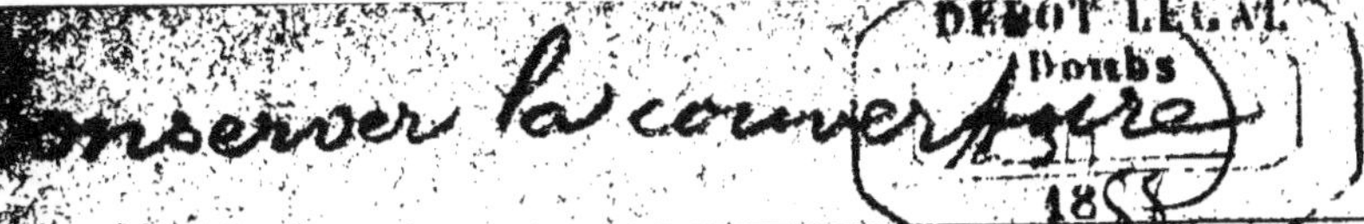

NOTICE

SUR

FRANCIS MONNIER

PAR

Le Docteur DRUHEN aîné

MEMBRE DE L'ACADÉMIE DE BESANÇON

PROFESSEUR HONORAIRE A L'ÉCOLE DE MÉDECINE DE BESANÇON

BESANÇON

IMPRIMERIE ET LITHOGRAPHIE DE PAUL JACQUIN

Grande-Rue, 14, à la Vieille-Intendance

1888

NOTICE

SUR

FRANCIS MONNIER

NOTICE

SUR

FRANCIS MONNIER

Lecture faite à la séance publique de l'Académie des Sciences, Belles-
Lettres & Arts de Besançon, le 26 juillet 1888

Parmi ceux de nos défunts confrères qui attendent l'hommage promis par nos règlements aux académiciens décédés, il n'en est pas de plus digne d'éloges que Francis Monnier, mort en 1875, membre correspondant de notre compagnie.

Travailleur infatigable, historien consciencieux, savant modeste et désintéressé, chrétien libéral, tel fut le confrère dont je me propose de retracer la vie dans cette notice.

Francis Monnier naquit le 4 mars 1824, à Avanne, département du Doubs, où son père, Claude-Etienne, exerçait la profession d'instituteur. A cette époque, l'enseignement primaire n'était point encyclopédique, et le maître d'école avait assez de loisirs pour en consacrer quelques-uns à des travaux personnels. Le père de Monnier avait imaginé un procédé pour la fabrication du ciment, et il vint à Besançon pour en tirer un parti plus lucratif. Le désir de donner de l'instruction à son fils entrait aussi dans ses vues, et le petit séminaire de Marnay, qui se recommandait à la confiance des familles par la modicité du prix de sa pension comme par la qualité de son enseignement, reçut le jeune élève pour la durée des premières classes latines.

En 1842, Francis Monnier entra au collège royal de Besançon pour terminer ses études, et là, comme à Marnay, il sut mériter l'estime et l'affection de ses maîtres par un travail soutenu, par une conduite irréprochable et par des succès incontestés.

Si je signale ses succès, ce n'est pas que j'attache une importance absolue aux palmes du collège. Elles sont généralement disputées par trois catégories d'élèves. Les uns, d'une application en quelque sorte maladive, accomplissent leur tâche avec un scrupule exagéré pour leur âge, et échappent aux imperfections qui sont le fruit de la légèreté et de la dissipation. J'en ai vu de ceux-là qui, ayant dépensé dans leur enfance toute la sève de leur intelligence, n'avaient rien réservé pour l'âge viril et se trouvaient fruits secs dès leur entrée dans la vie active.

Dans une autre catégorie sont les enfants qui ont plus d'imagination que de raison. D'une conception rapide, d'une mémoire brillante, ils saisissent à demi-mot les matières qu'on leur enseigne et fournissent avec exactitude un travail qui ne leur a coûté aucun effort.

Francis Monnier n'appartenait ni à l'une ni à l'autre de ces catégories ; chez lui les facultés essentielles étaient pondérées, et son travail était toujours inspiré par le sentiment du devoir et par la raison, qui lui montraient la nécessité, à défaut de fortune, de se créer un avenir.

Muni de son diplôme de bachelier ès lettres (14 août 1844), il partit pour Paris. Son but était de s'y préparer à la licence, puis au doctorat ès lettres, et finalement d'entrer dans l'enseignement.

Après quelques années de labeur, il réussit dans ses

entreprises et fut reçu docteur le 31 août 1853. Le sujet de ses thèses pouvait déjà faire prévoir la direction qu'il donnerait à ses futures études historiques. La thèse latine est une monographie du moine Gotheschalk avec ses disputes contre Jean Scot-Erigène sur la prédestination ; la thèse française est une véritable histoire d'Alcuin et de son influence chez les Franks.

L'étude sur Gotheschalk est en réalité un chapitre d'histoire philosophique, car ce personnage, aujourd'hui profondément inconnu, du ixᵉ siècle, fut célèbre de son temps par ses opinions sur la prédestination. La question du libre arbitre, à toutes les époques, a préoccupé les meilleurs esprits. Théologiens,· philosophes ou physiologistes l'ont agitée même en des temps rapprochés de nous ; elle est dans la doctrine de Calvin et de Jansénius comme dans le système du docteur Gall, et jusque dans notre âge, en apparence si indifférent à la métaphysique, elle s'est de nouveau, sous le nom de déterminisme, imposée à l'attention. Je ne parle pas des matérialistes ou des avocats intéressés à diminuer la responsabilité des criminels devant la justice. Or, les uns et les autres peuvent saluer dans le bénédictin Gotheschalk un de leurs ancêtres.

Suivant ce religieux, l'homme se sauvera ou se perdra, en d'autres termes, sera bon ou mauvais selon sa destinée. C'est en réalité la doctrine de la fatalité, qui venait alors de s'imposer de nouveau au monde oriental sous le nom d'islamisme.

Gotheschalk, anathématisé dans un concile, fut dégradé du sacerdoce et fouetté publiquement en présence du roi Charles le Chauve. De nos jours, on l'eût peut-être tout simplement reçu docteur en Sorbonne, comme celui qui avait entrepris, au bout de dix siècles, de réveiller son souvenir.

La thèse de Monnier sur Alcuin est en revanche un chapitre d'histoire littéraire, et des plus intéressants.

Cet écrivain célèbre naquit vers l'an 735, en Angleterre, dans le comté d'York, où florissait une école à la fois ecclé·siastique et laïque. Présenté encore enfant dans cette école, il frappe d'admiration ses maîtres. Devenu maître à son tour et investi du sacerdoce, sa réputation franchit les mers et pénètre à l'étranger.

A cette époque, le roi des Franks, à qui la postérité réservait le nom glorieux de Charlemagne, après avoir arrêté l'invasion des barbares, s'était donné pour mission d'arrêter aussi la décadence sociale et intellectuelle. Pour atteindre ce but, il fallait des écoles et des maîtres : Alcuin devint l'instrument de cette grande entreprise. C'est en 781 qu'il rencontre Charles à Parme, pendant un de ses voyages à Rome. Il ne peut le voir sans l'admirer et sans l'aimer ; le roi l'attache à sa cour et se fait son disciple. Tous deux poursuivent le même but : la civilisation ; Charlemagne, parce qu'elle est forte ; Alcuin, parce qu'elle est belle.

Monnier nous montre Alcuin fondateur, en France, d'écoles d'où sont sorties plusieurs générations de lettrés et de savants qui ont fait, pour ainsi dire, l'Université ; il expose ses titres à la postérité en tant que théologien, professeur, littérateur et politique, et comme conclusion, il affirme qu'après sa mort « les esprits d'élite l'honorèrent comme un sage et que le peuple l'invoqua comme un saint. »

La soutenance de ces thèses avait été brillante, et avec les éloges de ses juges, elle lui avait mérité leur bienveillant appui auprès du ministre de l'instruction publique, en vue de sa candidature éventuelle à une chaire universitaire.

Francis Monnier vivait jusqu'alors des ressources que lui procuraient des leçons particulières ; il était même depuis quelque temps chargé de cours au collège Rollin, lorsqu'un arrêté ministériel, en juin 1859, lui confia, dans ce même établissement, la classe de logique-sciences.

Voici dans quels termes le directeur, M. de Faucompré, lui notifia cette nomination : « Voilà plus de deux mois que vous suppléez M. Gibon dans un enseignement où il était vraiment supérieur, et les élèves ont écouté vos leçons avec un intérêt toujours croissant. C'est un nouveau service que vous doit notre collège et dont je voudrais bien qu'il lui fût permis de se montrer reconnaissant d'une manière efficace pour votre avenir. Soyez bien persuadé que je m'y emploierai de tout mon pouvoir, et que rien ne me serait plus agréable que de vous voir attaché d'une manière définitive à un établissement où vous avez su vous concilier toutes les sympathies, non moins par la solidité et l'étendue de vos connaissances que par les principes les plus sûrs et par les plus aimables qualités (1). »

Les quelques loisirs que son enseignement lui laissait, Francis Monnier les consacrait à des travaux particuliers, dont quelques-uns firent l'objet de communications aux sociétés savantes.

Il était surtout passionné pour l'histoire de son pays, et de bonne heure il voulut ne l'étudier que sur les documents originaux. Le premier fruit de ces recherches fut un livre sur les luttes politiques et religieuses dans les temps carolingiens.

Ce livre, qui parut en 1851, fut suivi de plusieurs autres dont il fit successivement la lecture à l'Académie des sciences morales et politiques. En 1855, c'est un mémoire sur Charlemagne législateur, qui, développé et augmenté, forma plus tard un volume qu'il publia sous le titre de *Charlemagne.*

En 1856 et 1857, ce sont des fragments d'un ouvrage en préparation sur le chancelier d'Aguesseau. En 1859, il réunit ces deux mémoires, et les ayant complétés, il les adressa, pour le concours Montyon, à l'Académie française,

---

(1) Lettre du 12 juin 1859.

qui couronna cet ouvrage dans sa séance publique de l'année 1860.

« Parmi les ouvrages qui ont paru dignes chacun d'une médaille de 2,000 fr., dit M. Villemain, rapporteur, il en est un qui a pour titre *Le chancelier d'Aguesseau,* par M. Francis Monnier, professeur au collège Rollin.

» Cet ouvrage répond de la manière la plus heureuse à l'objet du concours. C'est un bel exemple dans une haute fortune : c'est, à toutes les époques d'une longue carrière, la peinture d'un grand homme de bien formé par une sainte éducation de famille, savant magistrat dès la jeunesse, aussi respecté qu'aimable dans la vie privée, le modèle de toutes les vertus domestiques, capable aussi de grandes vertus publiques, digne et laborieux dans la retraite autant qu'il avait été actif et scrupuleux dans le pouvoir. »

Monnier s'est arrêté avec prédilection devant cette grave et pourtant séduisante figure du chancelier. Certes, on ne comprendrait pas un parallèle entre l'auteur et le héros, mais il y a plus d'une qualité de celui-ci que celui-là a dû goûter et qu'il a su mettre en relief, parce qu'il la possédait lui-même. Dans la sphère modeste où il vivait, Monnier, comme on le verra tout à l'heure, n'a jamais fléchi devant les puissances, il a supporté avec dignité la disgrâce. Et de même que d'Aguesseau, en écrivant ses *Instructions propres à former un magistrat,* a été un précepteur modèle, Monnier, appelé à former la conscience et l'intelligence d'un prince, devait apporter à ces délicates fonctions l'esprit qu'il avait puisé dans le commerce des grands écrivains et des magistrats d'autrefois.

En 1862, Monnier entretint l'Académie des sciences morales et politiques de ses recherches sur Lamoignon et Colbert et sur la législation française à leur époque, puis, revenant au moyen âge, il lui soumit une étude sur Godefroy de Bouillon et sur les Assises de Jérusalem.

On le voit, chaque année marquait, pour ainsi dire, une

nouvelle étape dans le programme d'études historiques que Francis Monnier s'était tracé.

Tant de travaux inspirés par un amour ardent pour son pays, la réputation que lui avaient value la solidité de son enseignement, la droiture de son caractère et la dignité de sa conduite, lui avaient créé des amis et des protecteurs parmi les lettrés. Il est juste de citer en première ligne le savant helléniste, M. Egger (1), à qui il avait dédié sa thèse sur Alcuin, et qui l'a toujours honoré d'une vive et sincère affection.

Francis Monnier avait aussi rencontré, sans le savoir, une protectrice dans Mme Cornu, qui jouissait alors, dans le monde des lettres, d'une certaine réputation comme écrivain. Elle était sœur de lait de l'empereur Napoléon III, qui, dans plusieurs occasions, avait utilisé ses talents et réclamé ses services pour quelques négociations et affaires privées (2).

Or, à cette époque, l'empereur songeait à donner un précepteur à son fils, et il s'en ouvrit à **M. Alfred Maury**, membre de l'Institut et son bibliothécaire particulier, dont il estimait à la fois le caractère et le savoir, et à qui il témoigna toujours une grande confiance.

Dans le même ordre d'idées, Mme Cornu s'était entremise précédemment pour procurer un précepteur au fils de la duchesse d'Albe, sœur aînée de l'impératrice Eugénie, et, sur l'indication de **M. Egger**, on avait confié cet emploi à un linguiste très distingué, **M. Francis Meunier**, qui s'en acquittait fort bien.

C'est sans doute après l'avis conforme de ces trois per-

---

(1) M. Egger était alors maître de conférences à l'Ecole normale supérieure.

(2) Mme Cornu a collaboré sous un pseudonyme à plusieurs recueils, entre autres le *Dictionnaire de la conversation*, la *Revue de Paris*, la *Revue du Nord*, la *Revue indépendante*, et à l'*Encyclopédie moderne*. Son mari, qui l'a précédée dans la tombe, était un peintre distingué, élève d'Ingres, dont plusieurs œuvres décorent quelques églises de Paris.

sonnes que Monnier reçut, le 20 mai 1862, de **M**. Alfred Maury la lettre suivante :

« Monsieur, j'aurais le plus grand désir de m'entretenir quelques instants avec vous pour une affaire importante qui peut vous concerner. Je vous avouerai que la chose presse et qu'il importerait beaucoup que cet entretien ne fût pas différé.

» Si donc, Monsieur, vous pouviez venir me trouver chez moi, à l'Institut, entre huit heures et dix heures et demie du soir, je vous serais fort reconnaissant. Croyez que s'il ne s'agissait pas d'une chose qui vous touche, je ne pousserais pas l'indiscrétion au point de vous mander chez moi et dans un si bref délai. »

Cette démarche avait pour but de connaître les dispositions du jeune professeur et de recueillir les renseignements dont l'empereur avait besoin pour fixer son choix entre plusieurs candidats. Quoi qu'il en soit, il mit du temps à se décider, car la nomination de Francis Monnier ne fut officielle qu'au mois de janvier de l'année suivante. On a prétendu, et c'est à Monnier lui-même que le fait a été attesté, qu'avant de lui confier son fils, Napoléon III l'avait fait suivre pendant plusieurs mois pour connaître ses habitudes, ses relations et sa conduite privée.

Le 17 janvier 1863, Monnier apprit sa nomination par une lettre du maréchal Vaillant, ministre de la maison de l'empereur et des beaux-arts. Le maréchal l'informait en même temps qu'un traitement de 8,000 fr. serait attaché à ces fonctions, et qu'il jouirait en outre d'un logement au palais des Tuileries [1].

Ce n'est pas sans une certaine résistance et sans quelques objections que Monnier se décida à accepter les fonctions délicates dont il prévoyait peut-être les difficultés. Sa modestie naturelle, son éducation première, sa passion

---

[1] Il devait porter l'épée et un habit brodé.

pour l'étude, qui ne pouvait trouver satisfaction que dans l'indépendance et dans la libre disposition de son temps, lui faisaient redouter le genre de vie imposé par l'étiquette de la cour, à laquelle il serait obligé de sacrifier dans une certaine mesure. Il craignait en outre que sa mère, qu'il aimait tendrement, n'eût à souffrir de sa résidence aux Tuileries, mais l'empereur le rassura sur ce point, en lui déclarant que Mme Monnier aurait ses entrées libres au palais.

Il finit par céder ; toutefois, avant d'entrer en fonctions, il avait rédigé un plan d'études dont l'empereur et l'impé-ratrice approuvèrent l'esprit et la méthode. Son programme était d'ailleurs conforme à celui de l'Université ; mais il donnait à l'histoire et à la géographie un rang prépondé-rant, et, à l'œuvre, il en sut tirer des déductions philoso-phiques et morales dont se serait souvenu, sans doute, son élève, s'il eût été un jour appelé à régner.

A ses leçons littéraires, Monnier joignait quelques notions scientifiques fort élémentaires, et par des combi-naisons ingénieuses et des appareils de son invention qui ressemblaient à des jouets, il faisait entrer dans l'esprit du jeune prince des connaissances variées en rapport avec sa précoce intelligence.

Monnier exerça ses fonctions pendant quatre ans, et on peut croire qu'il s'en acquitta, au moins dans les premières années, à la satisfaction de l'empereur, car celui-ci le décora de la croix de chevalier de la Légion d'honneur en 1865, et il y mit une certaine délicatesse qui mérite d'être rapportée. C'était au mois d'août, au camp de Châlons, où Monnier se trouvait avec le prince impérial et l'empereur. L'élève fut chargé de remettre à son précepteur son brevet et sa décoration, et il le fit avec l'élan de la plus affectueuse effusion : « Cela me fait, lui dit-il, autant de plaisir que si je la recevais moi-même. »

Le prince grandissait sous cette direction aussi bienveillante que dévouée ; il entrait dans sa douzième année, lorsque les courtisans qui entouraient l'empereur lui persuadèrent que le précepteur serait désormais insuffisant. Monnier avait des visées qui n'étaient pas dans un accord parfait avec celles d'une cour essentiellement bourgeoise. Il voulait faire de son élève un prince ami de la paix, il voulait l'orner de toutes les qualités de l'esprit et du cœur qui font les grands monarques, et il s'efforçait, comme il l'a dit depuis, « d'alimenter en lui la sainte flamme du patriotisme et le culte des idées libérales. » Le genre d'esprit qui dominait aux Tuileries ne comportait pas des aspirations aussi hautes ; une éducation plus virile et surtout une éducation militaire y paraissait plus conforme aux destinées du prince impérial.

C'était au commencement de l'année 1867. Alors l'empereur se décida à donner à son fils un gouverneur choisi parmi les militaires de haut grade, et ce fut le général Frossard qui fut appelé à ces nouvelles fonctions.

Les attributions de ces deux maîtres furent-elles suffisamment réglées ? Il est permis d'en douter. Toujours est-il que, au dire de Monnier, le général ne se faisait aucun scrupule d'interrompre une leçon d'histoire ou de littérature pour lui substituer un des exercices du corps, escrime, équitation, et le précepteur fut vivement froissé d'un pareil sans-façon.

Au printemps de la même année, le prince impérial fut gravement malade, et pendant cette maladie, son précepteur lui prodigua jour et nuit les soins les plus assidus. La convalescence fut longue, et pendant sa durée les études furent moins régulières ; aussi les contradicteurs se donnèrent-ils libre carrière. D'après eux, le précepteur négligeait le nécessaire pour se livrer à des dissertations à haute portée sur les hommes et les choses des temps passés, et les progrès de l'élève étaient insuffisants.

Ces critiques parurent à Monnier inspirées par un sentiment injuste et malveillant, et il en fut offensé au point de prendre une résolution grave, qu'il méditait depuis l'entrée du général aux Tuileries.

Pour être dans le vrai, il faut reconnaître que l'élève était d'un caractère vif, difficile et impérieux ; le maître, un peu faible dans la discipline, et l'empereur, qui cependant aimait Monnier et le soutenait dans les difficultés qu'il rencontrait à la cour, était fort disposé à excuser son fils et à l'exonérer des rares punitions que ses maîtres jugeaient à propos de lui infliger. Disons le mot : il le gâtait au delà de toute expression.

Quoi qu'il en soit des critiques plus ou moins fondées que je viens de rappeler, qu'elles aient ou non trouvé une circonstance aggravante dans l'indifférence ou le dédain que quelques courtisans manifestaient pour un précepteur, simple lettré qui ne portait ni éperons ni épaulettes, Monnier donna sa démission.

L'empereur en fut peiné, et il refusa jusqu'à trois fois de l'accepter ; mais Monnier fut inexorable.

Cette démission fit quelque bruit et fut interprétée dans un sens défavorable au précepteur. Le journal *la Liberté* s'étant fait l'écho des critiques dont l'enseignement donné au prince impérial avait été l'objet, Monnier crut devoir lui répondre par une lettre émue, qui fut reproduite par plusieurs journaux dans les premiers jours de septembre 1867.

Dans cette lettre il disait : « J'ai donné et maintenu ma démission parce qu'il m'était devenu impossible d'accomplir mon devoir.... J'étais entré au palais pour y remplir une mission ; les moyens les plus nécessaires pour cela me furent enlevés ; je me suis retiré. » Ses amis ont regretté cette lettre ; elle mettait le public dans la confidence de désaccords, de susceptibilités, de regrets, qu'il eût été plus digne et plus prudent de lui cacher.

Malgré cette publicité, l'empereur voulut offrir à Monnier

un témoignage de sa reconnaissance, ainsi qu'il résulte d'une lettre du maréchal Vaillant, en date du 19 septembre 1867. Le maréchal lui annonçait que l'empereur daignait lui accorder une subvention annuelle de trois mille francs sur les fonds de la liste civile impériale, et que les arrérages de cette subvention annuelle seraient payables par trimestre, à partir du 1er juillet de la même année.

Monnier refusa cette libéralité et adressa à l'empereur une longue lettre pour motiver son refus. « Si je n'accepte pas, Sire, c'est que, comme j'ai eu l'honneur de le dire à Votre Majesté, je compte reprendre du service dans l'Université, et que, par conséquent, je serai à l'abri du besoin. La seule récompense que je demande à Votre Majesté, c'est de parler quelquefois de moi au prince, c'est qu'il ne souffre pas qu'on dise jamais, en sa présence, aucun mal d'un homme qui n'a eu d'autre ambition que de lui être utile et qui l'aime malgré tout et qui l'aimera toujours. »

Le désintéressement de Monnier prenait sa source dans un vif sentiment de sa propre dignité et dans la modestie de ses goûts, et, à ce double titre, il mérite d'être signalé.

En attendant sa rentrée dans l'Université, Monnier fut accueilli avec la plus bienveillante sympathie à l'école des Carmes, où on lui confia des examens scolaires et où on lui procura des répétitions très lucratives dans quelques grandes familles. Il fit aussi quelques voyages pour terminer de nouvelles études historiques, entre autres une monographie de Vercingétorix. Dans cet ouvrage il montre le brenn gaulois avec toutes ses vertus militaires et civiques, avec son génie politique, soulevant la Gaule dans une confédération patriotique pour repousser l'invasion romaine.

Pour le mener à bien, il a contrôlé les *Commentaires de César* par les auteurs grecs et romains qui se sont occupés du monde celtique, et par les historiens les mieux informés et les plus dignes de foi ; il a visité l'emplacement des anciens *oppida* et des champs de bataille où nos ancêtres disputèrent si vaillamment aux envahisseurs le sol de la patrie.

L'ouvrage de *Vercingétorix*, quoiqu'il ait pour objet une époque bien éloignée de nous, se lit avec un intérêt toujours croissant, et soit que l'auteur décrive le siège de Gergovie, où le héros gaulois infligea au proconsul un des plus sanglants échecs qui aient humilié son orgueil, soit qu'il raconte le désastre d'Alise, on ne saurait se défendre d'une vive émotion à la vue de tant d'efforts impuissants.

On se souvient, en le lisant aujourd'hui, que vers le même temps Napoléon III publiait les deux premiers volumes d'une *Vie de César* qui n'a jamais été achevée. C'était une apologie en règle du conquérant des Gaules et du destructeur de la république romaine. Monnier en avait sans doute entendu plus d'une fois parler aux Tuileries ; peut-être y avait-il apporté sa part de collaboration bénévole. Quoi d'étonnant dès lors qu'une fois rentré dans la retraite, il ait mis à profit ses études, mais pour placer, par un retour secret sur sa propre situation, Vercingétorix en face de César, celui que la fortune avait trahi en face de celui qui paraissait n'avoir rien à craindre d'elle.

Je viens de parler des œuvres de Francis Monnier, mais pour compléter son portrait, il me resterait à rappeler son caractère, ses qualités morales, en un mot ce qui constitue l'homme. Il était essentiellement bon, obligeant et dévoué, et son caractère se révélait surtout dans l'épanchement des plus pures affections. Il professait un vrai culte pour sa mère, et il conservait pour sa famille, pour ses amis de collège, pour les protecteurs de sa jeunesse, le plus touchant souvenir. Il avait conçu pour le prince impérial un sincère attachement, qui devait survivre à leur séparation et à la chute de l'empire, et je dois à la vérité de dire que son élève lui était lui-même fort attaché, comme j'ai pu m'en assurer par la lecture de plusieurs lettres conservées dans ses papiers (1).

Monnier était chrétien libéral, et, comme tel, il portait un intérêt particulier à la population ouvrière. A propos de mes publications sur l'indigence et la bienfaisance il m'écrivait : « Pour les ouvriers des villes, l'association entre ouvriers et patrons peut rendre les plus grands services : elle n'est pas mauvaise en elle-même, ce sont les hommes et les circonstances qui l'ont rendue mauvaise. Elle vient de Dieu, qui nous a créés sociables, et du Christ, qui a dit aux hommes : Soyez tous frères. Il n'est pas juste qu'un ouvrier consacre sa vie à un maître, et que lorsque celui-ci aura fait fortune, il laisse son coopérateur, devenu vieux, sans autres ressources que celles de la bienfaisance et de la charité. »

Poursuivant sa thèse, il ajoutait : « Nous voulons bien

---

(1) Dans l'une d'elles, le jeune prince lui dit : « Votre lettre m'a fait le plus grand plaisir ; elle me rappelle les souvenirs d'un temps qui est bien loin de nous, mais que je ne désespère pas de voir revenir.... Je termine en vous disant, cher monsieur Monnier, que je m'efforce à suivre vos conseils si justes et si sages. Votre bien affectionné. NAPOLÉON. »

Monnier, ayant perdu sa mère, en fit part au prince, qui lui répondit : « Je m'associe de tout mon cœur à votre profond chagrin, car je n'oublierai jamais l'amitié que vous et votre mère m'avez toujours témoignée et dont vous me donnez aujourd'hui une nouvelle preuve. Croyez que je suis et serai toujours votre bien affectionné. NAPOLÉON.

» 29 octobre 1872, Chislehurst (Kent). »

A la lettre de condoléance que Monnier lui écrivit après la mort de l'empereur, le prince répondit :

« Camden-Place, Chislehurst, 14 février 1873.

» Je suis bien touché, mon cher monsieur Monnier, de la part que vous avez prise à mon chagrin. Vous avez pu comprendre ce que je souffre, vous qui avez été récemment frappé d'un coup si douloureux. Vous vous associez à ma peine comme j'ai ressenti la vôtre.

» Le souvenir reconnaissant que je garde pour vos soins dévoués me rend précieuses les marques de sympathie que je reçois de vous dans cette triste circonstance.

» Croyez, mon cher monsieur Monnier, à mes sentiments affectueux. NAPOLÉON. »

être chrétiens comme individus, ce qui est notre intérêt, mais nous nous gardons bien de l'être comme citoyens, ce qui est l'intérêt de nos semblables : comme si la rédemption n'avait pas régénéré tous les hommes. »

Monnier avait une constitution délicate ; aussi la vie sédentaire nécessitée par ses travaux historiques, la contrainte qu'il avait dû s'imposer pendant son séjour au palais des Tuileries, et le chagrin qu'il éprouva à se séparer, quoique volontairement, du prince impérial, avaient fini par compromettre gravement sa santé. Il s'éloigna de Paris et accepta l'hospitalité la plus gracieuse que lui offrit la famille de Trévillers, au village de Beaumotte-les-Pins, dans la Haute-Saône. Je l'avais soigné dans sa jeunesse, et il réclama de nouveau mes soins au mois de septembre 1875.

Pendant quelque temps, quelques médecins, ses amis, purent espérer avec moi que l'air de la campagne, le repos de l'esprit le plus complet, les consolations de l'amitié, triompheraient de ses souffrances ; mais le mal avait fait des ravages qui frappaient l'art médical d'impuissance, et, malgré les soins les plus affectueux et les plus dévoués, il succomba le 24 novembre 1875.

Avec une santé plus robuste et une hygiène mieux entendue, Monnier aurait pu prolonger sa vie et prendre sa place aux premiers rangs. Celui qu'il avait conquis par ses œuvres suffisait à sa modestie, et il peut être cité comme un exemple de la toute-puissance du travail secondé par le caractère et par les qualités morales les plus parfaites.

En terminant cette notice, dont l'amitié et l'estime me faisaient un devoir, qu'il me soit permis de reproduire une réflexion faite sur la tombe d'un grand chirurgien de cette époque : « Il nous plaît de répéter ici que les hommes sortis des rangs les plus humbles sont généralement aussi ceux qui s'élèvent le plus haut. C'est une vérité qu'il ne faut pas se lasser de faire entendre, parce qu'elle est saine, parce qu'elle consacre les principes sur lesquels repose la société actuelle, parce qu'elle élève les cœurs, raffermit les courages hésitants, éveille et stimule la plus noble ambition, celle d'être le fils de ses œuvres (1). »

---

(1) Discours de Legouest aux obsèques de Jobert de Lamballe. *(Gazette médicale*, 2 mai 1867.)

BESANÇON. — IMPRIM. ET STÉRÉOT. DE PAUL JACQUIN.

www.ingramcontent.com/pod-product-compliance
Lightning Source LLC
LaVergne TN
LVHW011503170726
843501LV00009B/3579